月 日 星期

讓煩惱自然的蒸發掉，就跟晒衣服一樣，才是最厲害的方式。

月　日　星期

與其在意等待時間的長短，不妨在等待過程中做好準備。

月　　　日　　　星期

人們只會看到明星在鏡頭下自信滿滿的模樣，很少人會想到事前的努力。

月　　　日　　　星期

做錯事但懂得道歉的人，才是真正負責任的人。

月　　　　日　　　　星期

如果少了你的付出，事情就無法達成的話，表示你很重要！

月　　日　　星期

說實話的人就算沒有被稱讚，但只要問心無愧，也算是一種獎賞。

月　　日　　星期

讓煩惱自然的蒸發掉，就跟晒衣服一樣，才是最厲害的方式。

月　　　　日　　　　星期

與其在意等待時間的長短，不妨在等待過程中做好準備。

月　　　　日　　　　星期

如果少了你的付出，事情就無法達成的話，表示你很重要！

月　　　　日　　　　星期

說實話的人就算沒有被稱讚，但只要問心無愧，也算是一種獎賞。

月　　　日　　　星期

人們只會看到明星在鏡頭下自信滿滿的模樣，很少人會想到事前的努力。

月　日　星期

做錯事但懂得道歉的人，才是眞正負責任的人。

月　　日　　星期

讓煩惱自然的蒸發掉，就跟晒衣服一樣，才是最厲害的方式。

月　　　　日　　　　星期

與其在意等待時間的長短，不妨在等待過程中做好準備。

月　　日　　星期

如果少了你的付出，事情就無法達成的話，表示你很重要！

月　　　　日　　　　星期

說實話的人就算沒有被稱讚，但只要問心無愧，也算是一種獎賞。

月　　日　　星期

人們只會看到明星在鏡頭下自信滿滿的模樣，很少人會想到事前的努力。

月　　　　日　　　　星期

做錯事但懂得道歉的人，才是真正負責任的人。

月　　　日　　　星期

讓煩惱自然的蒸發掉，就跟晒衣服一樣，才是最厲害的方式。

月　　　　日　　　　星期

與其在意等待時間的長短，不妨在等待過程中做好準備。

月　　日　　星期

如果少了你的付出，事情就無法達成的話，表示你很重要！

月　　　日　　　星期

說實話的人就算沒有被稱讚，但只要問心無愧，也算是一種獎賞。

月　　　日　　　星期

人們只會看到明星在鏡頭下自信滿滿的模樣，很少人會想到事前的努力。

月　　　　日　　　　星期

做錯事但懂得道歉的人，才是眞正負責任的人。

月　　　日　　　星期

讓煩惱自然的蒸發掉，就跟晒衣服一樣，才是最厲害的方式。

月　　　　日　　　　星期

與其在意等待時間的長短，不妨在等待過程中做好準備。

月　　　　日　　　　星期

如果少了你的付出，事情就無法達成的話，表示你很重要！

月　　日　　星期

說實話的人就算沒有被稱讚，但只要問心無愧，也算是一種獎賞。

月　　日　　星期

人們只會看到明星在鏡頭下自信滿滿的模樣，很少人會想到事前的努力。

月　　日　　星期

做錯事但懂得道歉的人，才是眞正負責任的人。

月　　　日　　　星期

讓煩惱自然的蒸發掉，就跟晒衣服一樣，才是最厲害的方式。

月　　日　　星期

與其在意等待時間的長短，不妨在等待過程中做好準備。

月　　日　　星期

如果少了你的付出，事情就無法達成的話，表示你很重要！

月　日　星期

說實話的人就算沒有被稱讚，但只要問心無愧，也算是一種獎賞。

月　　　　日　　　　星期

人們只會看到明星在鏡頭下自信滿滿的模樣，很少人會想到事前的努力。

月　　　　日　　　　星期

做錯事但懂得道歉的人，才是眞正負責任的人。

月　　　日　　　星期

讓煩惱自然的蒸發掉，就跟晒衣服一樣，才是最厲害的方式。

月　　日　　星期

與其在意等待時間的長短，不妨在等待過程中做好準備。

月　　　日　　　星期

如果少了你的付出，事情就無法達成的話，表示你很重要！

月　日　星期

說實話的人就算沒有被稱讚，但只要問心無愧，也算是一種獎賞。

月　　　日　　　星期

人們只會看到明星在鏡頭下自信滿滿的模樣，很少人會想到事前的努力。

月　　　日　　　星期

做錯事但懂得道歉的人，才是真正負責任的人。

月　　日　　星期

如果少了你的付出，事情就無法達成的話，表示你很重要！

月　　日　　星期

說實話的人就算沒有被稱讚，但只要問心無愧，也算是一種獎賞。

月　　日　　星期

讓煩惱自然的蒸發掉，就跟晒衣服一樣，才是最厲害的方式。

月　　　日　　　星期

與其在意等待時間的長短，不妨在等待過程中做好準備。

月　　日　　星期

人們只會看到明星在鏡頭下自信滿滿的模樣，很少人會想到事前的努力。

月　　日　　星期

做錯事但懂得道歉的人，才是眞正負責任的人。